LES TOMBEAUX

Des Rois, des Reines, & des autres qui sont dans l'Eglise Royale de S. Denis.

A PARIS,

De l'Imprimerie de J. Michel Garnier, rue Galande.

M. DCC. XXI.

Avec Approbation & Permission.

Situation des Tombeaux du Chœur.

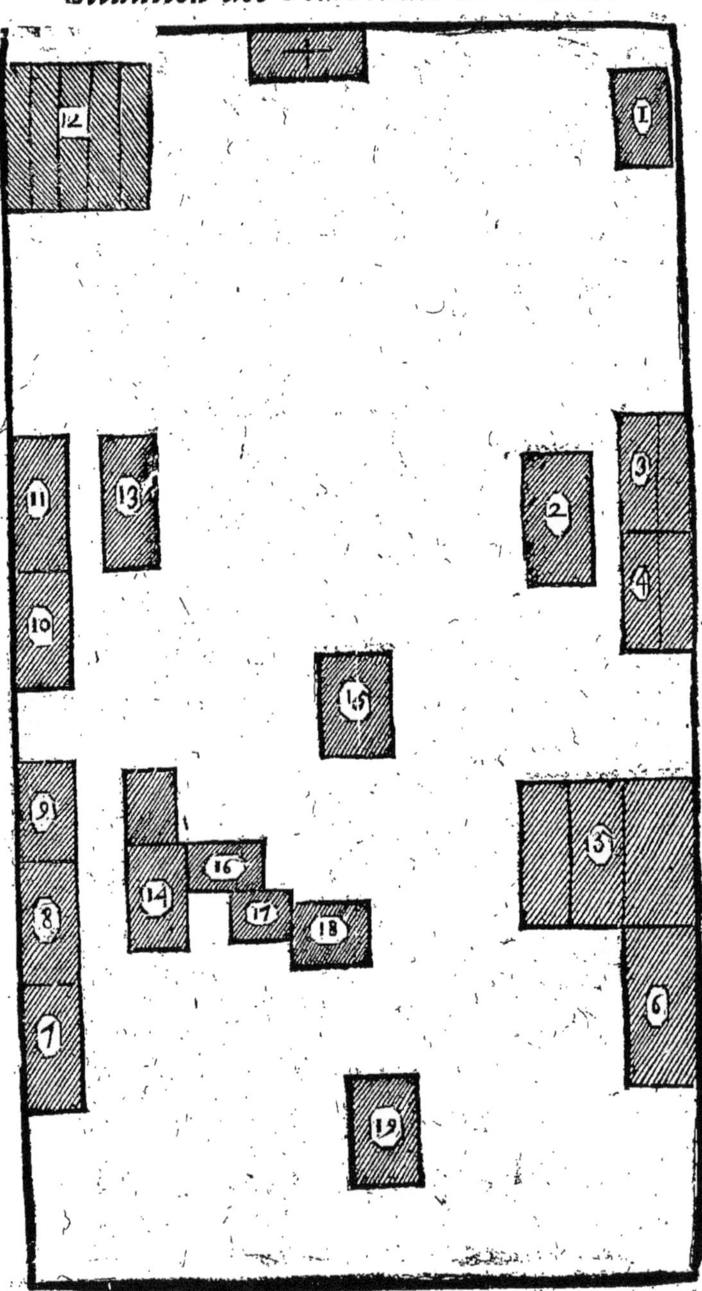

12
1
13
11
3
2
10
4
15
9
5
14
16
8
17
13
7
6
19

LES
TOMBEAUX

DES ROIS, DES REINES
& des autres qui font dans l'Eglife
Royale de S. Denis en France.

ARTICLE I.

Des Tombeaux qui font dans le Sanctuaire
& le Chœur.

1. **D**Agobert Roi de France & Fondateur de l'Abbaye, après avoir regné 16. ans, eft mort en 638. Nanthilde feconde femme de Dagobert, eft morte en 641. & eft inhumée proche de lui.

Landegifel frere de Nanthilde, eft enterré au même lieu.

Thiery de Chelles a regné 17. ans, il eft mort en 737.

LA SEPULTURE DE LA FAMILLE ROYALE DES BOURBONS.

LES ROIS ET LES REINES, *les Dauphins & les Dauphines y sont placez à droite & les autres à gauche.*

2. HENRY IV. a regné 21. ans, il est mort en 1610. âgé de 57. ans.

Marie de Medicis seconde femme d'Henry IV. est morte en 1642.

N. Duc d'Orleans second fils d'Henry IV. est mort en 1610. âgé de 4. ans.

Henriette Marie fille d'Henry IV. & épouse de Charles I. Roi d'Angleterre, est morte en 1660. âgée de 60. ans.

GASTON Duc d'Orleans fils d'Henry IV. est mort en 1660. âgé de 52. ans.

Marie de Bourbon premiere femme de Gaston, est morte en 1627.

Marguerite de Lorraine seconde femme de Gaston, est morte en 1672. âgée de 58 ans.

N. d'Orleans fils de Gaston, mort en 1656. à l'âge de deux ans.

Marie-Anne d'Orleans fille de Gaston, morte en 1656. à 4. ans.

Anne Marie-Louïse d'Orleans Duchesse de Montpensier, fille de Gaston, morte en 1693. âgée de 66. ans.

LOUIS XIII. a regné 33. ans. Il est mort en 1643. âgé de 42. ans.

Anne d'Autriche épouse de Loüis XIII. est morte en 1666. âgée de 64. ans.

PHILIPPE DE FRANCE Duc d'Orleans, fils de Loüis XIII. & frere unique du Roi Loüis XIV. est mort en 1701. âgé de 61. ans.

Henriette-Anne Stuart fille de Charles I. Roi d'Angletere, premiere femme de Monsieur, est morte en 1670. âgée de 26. ans.

Philippe Charles d'Orleans, fils de Monsieur, mort en 1666.

N. d'Orleans fille de Monsieur, en 1665.

Alexandre-Loüis d'Orleans, Duc de Valois, fils de Monsieur, mort en 1676. â l'âge de 3. ans.

LOUIS XIV. né en 1638. sacré en 1654. & mort le 1. Septembre 1715. âgé de 77. ans, a régné 72. ans. Il est sous la representation à l'entrée du Caveau, où ses Officiers après la descente du Corps, apporterent son grand Manteau Royal, le petit qui couvroit le Heaume Timbré & la Cotte d'Armes, le tout de velours violet chargé de Fleur de Lys d'or; plus la Banniere de France de velours bleu aussi couverte de Fleurs de Lys d'or, de même que le Fanon blanc avec le grand Ecu de France, les Gantelets & les Eperons dorez; lesquelles pieces furent abandonnées aux Religieux de S. Denis suivant l'ancien usage.

Marie-Therese d'Espagne Reine épouse du Roi Loüis XIV. est morte en 1683. âgée d'environ 45. ans.

Anne-Elisabeth de France premiere fille du Roi Loüis XIV. morte en Decembre 1662. n'a vêcu que 42. jours.

Marie-Anne seconde fille de Loüis XIV. morte en Decembre 1664. 39. jours après la naissance.

Philippe Duc d'Anjou, fils de Loüis XIV. mort en 1671. à 3. ans.

Marie-Therese fille de Loüis XIV. morte en 1672. à 5. ans.

Loüis-François Duc d'Anjou, fils du Roi Loüis XIV. est mort en 1672. 4. mois 174 jours après sa naissance.

LOUIS DAUPHIN, fils de Loüis XIV. est mort en 1711. âgé de près de 50. ans.

Marie-Anne Christine-Victoire de Baviere, épouse de Loüis Dauphin, est morte en 1690. âgée de 30. ans.

LOUIS DUC DE BOURGOGNE, fils de Loüis Dauphin, petit fils du Roi Loüis XIV. & devenu Dauphin par la mort de son pere, est mort en 1712. âgé de près de 30. ans.

Marie-Adelaïde de Savoye, épouse de Loüis Dauphin Duc de Bourgogne, est morte en 1712. à l'âge de 30. ans.

N. de France Duc de Bretagne, premier fils de Loüis Duc de Bourgogne, & arriere petit fils de Loüis XIV. est mort en 1705. neuf mois 19. jours après sa naissance.

Loüis Duc de Bretagne, second fils de Loüis Duc de Bourgogne, Dauphin, arriere petit-fils du Roi Loüis XIV. & devenu Dauphin par la mort de son pere, est mort en 1712. à l'âge de 6. ans.

CHARLES DE FRANCE DUC DE BERRY, frere de Loüis, Duc de Bourgogne

& petit fils du Roi Loüis XIV. est mort en 1714. âgé de près 28. ans.

Marie Loüise-Elisabeth d'Orleans, épouse de Charles Duc de Berry , morte en Juillet 1719. âgée de 24. ans.

N. fille de Charles de Berry , morte en naissant en 1711.

N. Duc d'Alençon, fils de Charles Duc de Berry, n'a vêcu que 21. jours, & est mort en 1713.

N. fille de Charles Duc de Berry, est morte posthume en 1714. douze heures après sa naissance.

ARTICLE II.

Les Tombeaux suivant sont vers la grille du côté du midi en descendant au Chœur.

3. PEpin après un regne de 17. ans, est mort en 768. Bertrade son épouse est enterrée auprès de lui.

4. Loüis III. fils de Loüis II. dit le Begue, a regné 3. ans, & est mort en 882. Carloman frere de Loüis III. a regné 2. ans, est mort en 884. & est enterré proche de lui.

5. Philippe III. dit le Hardy, fils de S. Loüis, a regné 15. ans; il est mort en 1285. âgé de 44. ans. Isabelle d'Arragon son épouse, morte en 1271. Loüis leur fils aîné, mort en 1276. Philippe IV. dit le Bel, a regné 29. ans;

il est mort en 1314. âgé de 48. ans. Blanche sa fille est inhumée proche de lui.

6. Clovis II. appellé sur son Epitaphe, *Ludovicus Rex filius Dagoberti*, a regné 18. ans; il est mort en 656. âgé de 23. ans. Charles Martel est à son côté, avec cette inscription, *Carolus Martellus Rex*, quoi qu'il n'ait porté pendant sa vie ni la qualité de Roi, ni le nom de Martel. Il est mort en 741.

ARTICLE III.

Du côté du Septentrion en remontant du Chœur au Sanctuaire.

7. HUgues Capet a regné 10. ans, & est mort en 997. il est inhumé proche de Hugues le Grand son pere, Comte de Paris: & il a à son côté Eudes qui après un regne de 10. ans est mort en 893.

8. Robert le Pieux a regné 34. ans; il est mort en 1031. âgé de 60. ans. Constance de Provence son épouse, morte en 1032. est proche de lui.

9. Henry I. a regné 30. ans; il est mort en 1060. âgé de 55. ans. A son côté est inhumé Loüis VI. dit le Gros, qui a regné 48. ans, & est mort en 1137.

10. Philippe fils de Loüis VI. qui regna 2. ans avec lui, mourut en 1133. âgé de 22. ans. Constance de Castille seconde, femme

de Loüis VII. morte en 1159. eſt à côté de Philippe.

11. Carloman Roi d'Auſtraſie, fils de Pepin, eſt mort en 771. A ſon côté eſt Hermentrude, premiere femme de Charles le Chauve, morte en 869. & Charles leur fils qui mourut jeune.

12. Philippe V. dit le Long, a regné 5. ans, mort en 1322. Charles IV. dit le Bel, a regné près de 7. ans ; il eſt mort en 1328. Jeanne d'Evreux épouſe de Charles IV. eſt morte en 1370. Philippe de Valois a regné 23. ans ; il eſt mort en 1350. âgé de 57. ans. Jeanne de Bourgogne ſa premiere femme, eſt morte en 1349. Jean II. a regné 14. ans ; il eſt mort en 1364. Les corps de ces ſix ſont ſous une Arcade à côté du grand Autel.

ARTICLE IV.

De ceux qui ſont depuis le Sanctuaire juſqu'au milieu du Chœur.

13. CHarles VIII. a regné 14. ans ; il eſt mort en 1498. âgé de 28. ans. Son tombeau eſt dans le Sanctuaire.

14. Loüis X. dit le Hutin, a regné un an & demi ; il eſt mort en 1316. âgé de 26. ans, & eſt inhumé dans la croiſée. Jean I. ſon fils, poſthume, eſt avec lui, il n'a vêcu & n'a été Roi que 4. jours. Jeanne Reine de Navarre ſa fille, morte en 1349. eſt à ſes pieds.

15. Marguerite de Provence, épouſe de Saint

Loüis, morté en 1295. est au milieu de la croisée, sous une tombe de cuivre.

16. Loüis VIII. pere de S. Loüis, a regné 3. ans; il est mort en 1226. âgé de 39. ans, & est enterré proche Loüis X.

17. Saint Loüis IX. du nom, a regné 44. ans; il est mort en 1270. âgé de 55. ans. Il fut inhumé près de Loüis VIII. & fut élevé en 1298. pour être mis dans une Chasse magnifique au Trésor. A ses côtez sont inhumez Alfonse de Poitiers son frere, qui mourut en 1271. Philippe de Clermont son oncle, mort en 1223. Jean Tristan son fils, Comte de Nevers, mort en 1270. & Pierre de Baucaire son Chambellan, qui mourut en 1270. il fut enterré à ses pieds.

18. Philippe II. dit Auguste, a regné 42. ans; il est mort en 1123. âgé de 59. ans; il est inhumé vers le milieu de la croisée; son fils Philippe Comte de Boulogne, & sa fille Marie, Duchesse de Brabant, sont proches de lui.

19. Charles le Chauve Empereur, est mort en 877. après avoir regné 37. ans; il est inhumé au milieu du Chœur.

ARTICLE V.

De la partie meridionale de l'Eglise.

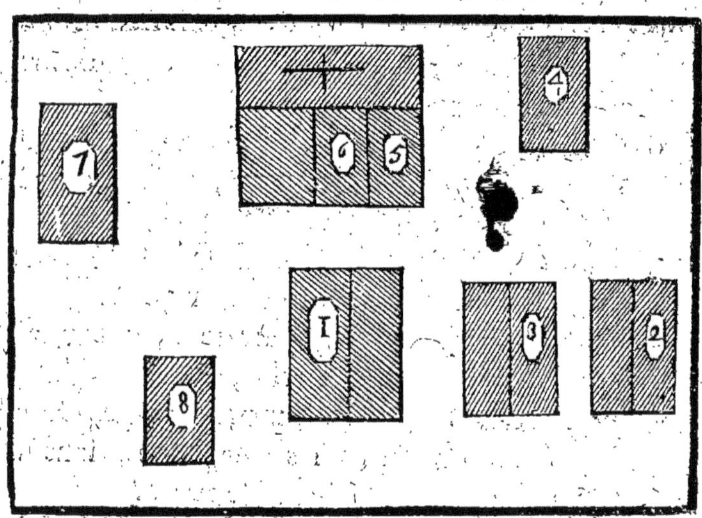

1. CHarles V. dit le Sage, a regné 6. ans & demi ; il est mort en 1380. âgé de 42. ans, & est inhumé au milieu de la Chapelle de S. Jean Baptiste. Jeanne de Bourbon son épouse, morte en 1377. âgée de 40. ans, est dans le même tombeau ; Jeanne & Isabelle leurs filles sont avec eux.

2. Charles VI. dit le Bien-aimé, a regné 42. ans, & est mort en 1421. Isabeau de Baviere son épouse, morte en 1435. est dans le même tombeau proche la fenêtre de cette Chapelle.

3. Charles VII. dit le Victorieux, a regné 39. ans ; il est mort en 1461. âgé de 59. ans.

Marie d'Anjou son épouse, morte en 1463. est près de lui. Leur tombeau est entre ceux de Charles V. & Charles VI.

4. Bertrand du Guesclin, Connêtable de France sous Charles V. mort en 1380. est enterré proche Charles V.

5. Bureau de la Riviere, Chambellan de Charles V. & de Charles VI. mort en 1400. est enterré proche d'eux.

6. Charles Dauphin, fils aîné de Charles VI. mort en 1386. âgé de 9. ans, est dans la même Chapelle.

7. Loüis de Sancerre, Connêtable de France sous Charles VII. est mort en 1402.

8. Arnaud Guillem, Seigneur de Barbazan, dit le Chevalier sans reproche, premier Chambellan de Charles VII. mort en 1432. est inhumé comme tous les precedens dans la Chapelle de Saint Jean-Baptiste.

9. Suger, Abbé de Saint Denis, & Regent du Royaume sous Loüis VII. mort en 1152. est enterré proche la porte du Cloître.

10. François I. a regné 33 ans; il est mort en 1547. âgé de 59. ans. Claude de France son épouse est morte en 1524. âgée de 25. ans. François Dauphin, mort en 1533. à 19. ans. Charles Duc d'Orleans, mort en 1544. à 23 ans; Et Charlotte leur sœur, morte en bas âge, tous trois enfans de François I. reposent dans le Caveau du tombeau magnifique de ce Roi, avec Loüise de Savoye sa mere, morte en 1531.

11. Marguerite de France, fille de Philippe le Long, & femme de Loüis Comte de Flan-

tes, morte en 1382. est à côté de François
I. dans un tombeau séparé.

ARTICLE VI.

Du côté Septentrional de l'Eglise.

1. LOüis XII. a regné 16. ans, & est mort
en 1514. Anne de Bretagne son épouse
& veuve de Charles VIII. est morte en 1515.
le 20. Janvier; ils sont inhumez dans le super-
be Mausolée que François I. leur a fait élever.
Au-dessus du tombeau de Loüis XII. se voit
celui des Valois dans lequel sont inhumez
les corps dont voici les noms;

2. Henry II. qui a regné 12 ans, & est mort
le 10. de Juillet 1559. âgé de 40. ans &
quelques mois.

3. Catherine de Medicis, morte le 5. de Janvier de l'an 1589.

4. François II. leur fils, qui a regné un an &
demi, & est mort le 5. de Decembre l'an
1560.

5. Charles IX. mort le 30. de May 1574. âgé
de 24. ans.

6. Henry III. qui ayant regné 13 ans, mourut le 2. d'Aoust de l'an 1589. âgé de 38. ans.

7. Marguerite de France Reine de Navarre,
morte le 27. de Mars 1615.

8. François de France Duc d'Alençon, mort
en 1584. le 10. Juin âgé de 30. ans.

9. Loüis de France qui mourut au berceau.

10. Deux filles mortes en bas âge.

11. Une fille de Charles IX. morte âgée de 6. ans.

12. Guillaume du Chaftel, Pannetier de Charles VII. & Marêchal de France, mort en 1441. eft enterré dans la croifée proche la muraille.

13. Blanche feconde femme du Roi Philippe de Valois, morte en 1398. & Jeanne leur fille morte en 1373. font dans la Chapelle de Saint Hyppolite.

14. Marie de France fille de Charles IV. morte en 1341. & Blanche fa sœur époufe de Philippe d'Orleans, morte en 1392. font inhumées dans la Chapelle de Nôtre-Dame la Blanche.

15. Sous une colomne de marbre proche la grille de fer en dehors, eft inhumé le cœur de Loüis de Bourbon Cardinal, premier Abbé Commendataire de Saint Denis, & Evêque de Laon, dont le corps eft enterré dans la Cathedrale de Laon.

16. Dans la Chapelle de S. Martin au même côté de l'Eglife, eft inhumé Alfonce d'Eu, Comte de Brienne, Chambellan de Saint Loüis, qui mourut avec lui à Thunis en 1270.

17. Dans la Chapelle de Saint Euftache au Chevet, on voit le fuperbe Maufolée d'Henry de la Tour d'Auvergne, Vicomte de Turenne, mort en 1675. que le Roi a fait enterrer à S. Denis pour recompenfe des fervices qu'il a rendûs.

18. Outre les fepultures ci-deffus, on voit encore celle de Mathieu de Vendôme Ab-

bé Regent du Royaume, à la porte du Chœur du côté du midi proche la grille.

18. François-Paul de Gondy, Cardinal de Retz, Archevêque de Paris, & Abbé de Saint Denis, mort en 1679. est proche de la grille de la Croisée.

Gilles de Pontoise Abbé de Saint Denis & Grand Aumônier de France, mort en 1326. inhumé vers la porte du Cloître.

De Gaspard de Coligny Lieutenant General des Armées du Roi, mort en 1649.

Jacques Stuart de S. Megrin, aussi Lieutenant General, mort en 1652. enterré comme le precedent vers la porte du Tresor, par ordre du Roi, pour les services qu'il avoit rendus à l'Etat.

F I N.

9 782019 223137